고독의 두께

김유진 시집

상상인 시인선 *070*

여름이 시작될 때는
문장 하나를 완성하지 못했다
아이가 태어나고
그 아이의 아이가 자라는 동안
불현듯 사는 것이 지는 꽃처럼 외로워졌다

•본문 페이지에서 한 연이 첫 번째 행에서 시작될 때에는 〈 표기를 합니다.
•저자의 의도에 따라 작품의 보조 동사와 합성 명사는 띄어쓰기가 달라질 수 있습니다.

시인의 말

말하고 싶었다
수많은 혀로 인해 시련이 왔지만
새는 내 말을 들어 주었다
새의 언어로 쓴 몇 마디 울음으로 회복되었다
새의 뜻대로 높은 풍경을 만들기로 했다
초승달이 허리를 굽히는 새벽하늘
예쁜 글들이 나의 글방으로 날아들었다.

2025년 봄

차례

1부
하늘이 이유 없이 비스듬히 내게로 왔다

깊어지는 문	19
굴비의 순간	20
소금쟁이는 모른다	21
법천사지法泉寺址에서 쓴 편지	22
중환자실의 숨소리	24
고독의 두께	26
무상無想	27
세월의 혀	28
사랑 이야기	29
비문의 풍경	30
오해	31
허수아비의 하루	32
횡계橫溪	34
끈질긴 고백	35
고추 이야기	36
낮달	37
어느 철학서를 읽으며	38
매지에서 안녕한지	40
호박꽃	41

2부
파도가 하얀 치아로 종탑에 앉아

별에 간다   45
용대리 황태   46
양수리에서   47
향불의 밤   48
명함   50
종소리를 멀리 보내고 싶을 때가 있다   51
밥그릇 주인   52
즐거운 관계   53
소돌 어촌 주일 예배   54
동태의 노래   56
오이의 행로   58
은총의 무게   59
애순 언니   60
오래된 날   62
눈사람   64
울음의 미완   65
기러기 한 가족   66
지천至賤을 위하여   67

3부
지상의 모든 밤은 블랙홀이 되어

풍경을 지키는 집   71
그날의 안녕   72
오징어의 하루   74
통증의 내적內的 흐름   75
설화雪花의 밤   76
구멍 속의 구멍   78
등대 외전外傳   80
그리움은 녹지 않아서   82
빨래가 있는 뒷마당   83
느티나무 책방의 기억   84
눈물   86
푸른 엔딩   87
야간 비행   88
기다리는 메아리   90
치마 새   91
움   92
심心   93
레드 와인   94

4부
당신의 詩는 완성되지 않았나요

추색秋色	97
맨드라미의 저녁	98
여로旅路	99
눈의 배후	100
생선 통조림	101
껍데기의 한 시절	102
구원	103
청계 호텔 정리記	104
그날의 금 지우기	106
어스름	107
등	108
기도	109
길을 찾아	110
그날 바다가	111
냄새	112
둥근 청바지	113
독성	114
오늘	115
헬로 마마꾸	116
해설 _ 상상력으로 날개를 펼친 독창성의 시 세계
이영춘(시인)	119

1부

하늘이 이유 없이 비스듬히 내게로 왔다

깊어지는 문

이렇게 얇게
흩어지는 생각을 붙잡고
눈썹보다 사뭇 깊은 수심으로 들어갑니다

몸을 깨우고 흔들어도
내 옷깃에 젖은 경솔한 빛깔은 지우지 못합니다

살아서 스치는
모든 일이 문에서 문으로 이어져
나는 지금 어느 닫힌 문 앞에 서 있습니다

맺힘이 열림으로
다시 닫힘으로 마감하는 세계에서
문의 속내를 꺼내어
신의 햇빛에 탈탈 털어봅니다

나는 아기 걸음마로 하루씩
순간을 지우고 기억하며
문의 자세와 무게로
사는 연습을 꾸준히 하는 중입니다

굴비의 순간

턱이 빠질 듯
입 벌린 굴비 한 마리
그물에 넘어가는 순간 박제되어 버린 입

뭉근한 살을 발라가며 한 끼를 먹는 나의 저녁도
소용돌이치는 바다의 격랑,
그 어디쯤에서 올라온 안녕 아닐까

목구멍으로 넘어가는 비린내가
울컥울컥 그의 마지막 숨 내음 같다

소금쟁이는 모른다

발가락으로
아무리 멋진 글을 써도 흔적이 없다
너는 모르지만
물웅덩이에 이는 흰 구름이 다 지운다
짠 소금 네댓 박 더 먹고
발가락이 아닌
절인 몸으로 써야 한다

법천사지法泉寺址에서 쓴 편지

때 묻은 나를 끌고
법천法泉 여울물 따라
천년의 법고法鼓가 숨 쉬는 땅에 발을 내렸다
유월의 햇살이 폐사지 법천의 기단을
황금색으로 물들이고
느티나무 천년 가지에 텃새의 지저귐도
수도승 염불처럼 낭랑히 울렸다

먼 듯 가까운 불사, 법천사지
속세를 거치느라 뾰족해진 무릎뼈에
흙탕물 젖은 내 발자국 하나를 털썩 놓아 본다
늦었지만 깨우침의 터에서
그 무엇인가 간절히 붙잡고 싶었다

배례석 앞에
마음으로 두 손 모으고
선문염송禪門拈頌 펴는 행자승처럼
무아의 한 소절 끄집어내어
도량의 발자취에 못생긴 발을 맞추어 보았다
찾으려는 것은 멀리 있지 않았다

〈
시간의 길이는 생각보다 짧아
좋은 웃음으로 한세상 두루 산책하다가
푸른 심장 속 하늘로 오르는 독수리처럼 가볍다면
나도 저 흙물에서 피어나는
연꽃 한 송이쯤 되겠다는 헛헛한 염원

법천에 공손히 엎드려
세상 문신의 그림자를 소처럼 되새김질하며
부르튼 손으로 낙인을 서툴게 지워 본다
날마다 절寺 하나씩 허물다가
법천에서 반 평 남짓, 오늘 절 하나를 다시 짓고 왔다

중환자실의 숨소리

1
침묵의 밤이다
벽시계의 초침만이 살아 허덕이는 시간
째깍째깍, 운명 같은 맥박 소리
똑똑, 링거액이 부딪는 메마른 소리
병실의 신음을 흔드는 심장들의 절규를 듣는다
프런트에 엎드린 간호사의 곤비한 숨소리도
밤을 훌쩍 관통하여 새벽을 향해 달리고 있다

2
어둠이 팽창하는 이곳에서
기억조차 기억이 없는 지난날을 더듬는 건 공허하다
먼지보다 작은 섬망譫妄이 떠도는 공간
가습기의 축축한 물안개가 담배 연기처럼
방안을 휘젓고 다닌다

거부할 수 없는 시간이 바람의 창문을 흔들며
부풀어 진물 흐르는 내 안의 내가 멀어지며 고백한다
저 숨소리는 한때 사랑의 속삭임,
풀 내음 나는 희망이었다고

3

희미해지는 벽 앞에서
먼지보다 작은 나를 찾아 떠나는 시간이
조급히 나를 노크한다
뼈와 살이 없는 밤의 끝자락 부여잡고
창에 매달린 초승달을 보며 작은 소리로
사랑을 외쳐본다
손에 움켜쥔 연민을 젖은 침대에 눕히고
오랫동안 넘치던 번민과 울음들, 이제 보내야 할 때다
한없이 정들고 좋았던 사람들에게
가늘어진 숨소리로 대신하는 마지막 인사에
빠르게 갈변하는 초승달이
어두운 새벽을 무르게 전한다

고독의 두께

옥탑방에
고독 한 마리 홀로 산다
입속에
고독이 돌처럼 씹혀서
말수가 적은 턱수염 난 사내
한밤의 조각 잠을 습관적으로 재떨이에 털며
백지에 고독이란 두 글자를 가슴으로 비벼 끄고
30촉 전등불에 엎드려
밤새도록 턱수염만 쓰다듬는다
다 빠진 턱수염을 자꾸 쓰다듬는다
난 충분히 이해되었다
고독도 오래 쓰다듬으면 얇아진다는 것을

무상無想

돌아보지 않아도 될
먼 곳을 여러 번 넘어지면서 왔다
지루한 이야기는 여기서 그만 멈추자

살면서 창문의 어둠은 다 기억하지 못한다
불온한 힘에 끌리지 않으려
뒷걸음질 치며 아주 멀리 이곳까지 왔다

마지막 구슬을 쥐고
어제와 오늘 사이, 먼지 많은 골목을 걸었지만
희극과 연극 사이는 좁혀지지 않았다

태양 아래 수북이
눈동자의 뿌리가 길어지고
난 걸어서 천천히 허공으로 들어갔다

세월의 혀

나의 잘못으로
그걸 인정하기에는 억울하다

새처럼
푸른 숲을 찾고
꽃처럼
향기를 불러 모았다

봄이 와도
몸은 이제 봄이 되지 못한다
봄이 간다고 해도
푸른 열매는 끝내 맺지 않는다

굽은 허리에
늙은 사랑을 일으켜 세우기에는
나는 혀가 없다

짧은 사랑도 잊어버렸다
날카로운 발톱의 첫 추억도 다 불타버렸다

사랑 이야기

유행가 가사에
'잠든 사랑 있어'라는 구절이 있다

잠들었다 깨어나면
'있어'를 만날 수 있을까

그저 잠들었을 때가 좋을 듯하다
사랑도 너무 밝으면 돌아오지 못한다

비문의 풍경

돌아가는 길을 잊은 사람처럼
내 신발에 발걸음이 사라질 때가 있다

사람과 사랑 사이가 멀어
슬픈 애도의 시간이 오래가는 듯했다

물웅덩이에 고인 물이
누워서 하늘 그림자를 종일 씹고 있을 때

늙은 고양이가 나무 그늘에 엎드려
긴장의 눈동자로 영혼의 오후를 핥고 있다

여름이 최후의 발악을
태양의 총으로 지상을 마구 난사하고 있다

오해

마트에서
대파 한 단 들고 와
화분에 심었다

겨우내 한 뿌리씩 뽑아 먹었다

솔직히
파 뿌리 먹고
검은 머리 되기는 정말 어렵다

허수아비의 하루

거적때기 옷을 입고
종일 비 맞고 서 있습니다
팔다리도 욱신욱신 쑤십니다
어깨는 한쪽으로 기운 지 오래
나는 참깨밭의 허공虛空 허 씨입니다

참새도 내 머리꼭지에 앉아
조잘조잘 방앗간 소식을 잘도 전합니다
맑은 날, 아기 고라니도 종종 보고
멧돼지 가족이 축제하는 광란의 밤도
어쩔 수 없이 맞이해야 했습니다

깨밭이 쑥대밭이 된 아침
맹 씨 노인이 격하게 반응하십니다
삐질삐질 눈치를 보며
나는 아주 슬픈 듯, 억울한 듯
어제와 다르게 표정 관리했습니다

마을버스 타고 장에 가시는
명구 할머니의 하얀 저고리를 보며

구멍 숭숭 뚫린 문풍지 같은
나의 러닝셔츠도 손을 들어 마구 펄럭입니다
나는 곧 죽어도 평화주의자입니다

횡계橫溪

바람의 흔적이 많은 마을이다
나무들이 바람을 닮았다
사람도 많이 기울었다
양 떼도 초지에 엎어지는 바람 소리를 흉내 낸다
여기 사는 안개는 대책 없이 산에 눕는다
모든 바람은 옆으로 막을 치고 경계로 불었다
하늘이 이유 없이 비스듬히 내게로 왔다

끈질긴 고백

글아
더 이상 나를 따라오지 마라
쓰다 버린 활자들이 모여 산이 되었다

재활용 불가는 너도 아는 일
후회의 완성이 보내는 박수 소리가 찬란하다
한 줄의 영원은 마침표 안의 다짐일 뿐

글아, 내 글아
가까이 다가서지 마라
살아 퍼덕이며 백지에 뒹구는 환희나 슬픔들
주름진 미완이 들어 올리는 환호의 쉼표를 찍어보자

거짓도 가끔은
너의 글 안에서 진실이라는 말로 가면의 피를 흘린다

알몸 같은 내 푸른 글아
눈부신 껍질이 흐득흐득 나를 찾을 때까지
제발 나를 따라오지 마라

고추 이야기

가을 잠자리가
고춧대에 앉아서 조는 사이
고추는 잠자리의 빨강 바지를 빌려 입는다
고추밭에서 일어난 매콤, 깜찍, 달콤한 이야기
가을이 되면
고추는 잠자리의 말을 알아서 척척 받아 적는다

낮달

눈이 침침하면서
아버지는 명태 눈알을 즐겨 드셨다
산등성 위에 명태 눈알 같은 낮달이 떴다
맑은 날 산에서 돋보기 쓰시고
어머니랑 반 알씩 나누어 드시겠다
하늘에서 헤엄치는 저 푸른 명약

어느 철학서를 읽으며

1
의미를 한곳에 모아
발끝에 돋는 희푸른 잎사귀를 본다
닻별이 제 몸을 밝힐 때
달빛에 촉을 내민 둥근 글자를 무수히 만난다
헐거운 책은 가벼워지고
새로 나온 활자는 화관을 쓰며
사람들의 숨소리를 온전히 받아 적는다
떠오르는 명멸에 영혼을 담아
저기 무궁의 진리를 마음 밭에 심어 본다

2
길게 펼친 날개는
휘어진 시간을 심장에 넣고
기억 속 성장의 아픔도 첫 장에서 만난다
활자들이 미완의 섬모를 찾아
스스로 모서리를 다듬어 중심에 이르려 한다
길었던 날은 잊힌 듯 지나고
은하수가 키우는 별하에게 몸을 맡겨 본다
혼돈의 활자들이 발화하여

흰 나비가 되어 우주를 총총 날아간다

3
파본의 윤곽마다
부서진 단어와 엉킨 줄거리들
빈 줄에 투과될 시 입자는 얇아지고
여백을 채운 마지막 장을 신앙처럼 믿어 본다
한 장씩 넘기는 책갈피에서
흔들리는 마음이 속눈썹만큼 솟는다
녹아 없어질 이생異生의 시간에
정겹고 슬픈 희락의 발자국들을 정리할 때
바람을 연주하는 책들이 허공에 소리를 뽑아 올린다

매지에서 안녕한지

원주 매지리 토지문화관
박경리 선생이 말년에 지내시던 곳
지금은 박경리 뮤지엄으로 간판을 새롭게 걸고
전국의 문인들에게 공짜로 밥 먹이고
글을 쓸 수 있도록 공간을 제공하는 곳
수십 년 전깃불 만들다가 정년 마치고
그 옆 동네로 이사 온 어설픈 시인
누군지 아시리라
선생의 글 냄새 맡으며 여기서 흰머리 뽑으며 살았다
매지리 산책길에서 만난 전국의 글쟁이들
매지매지매지매지매지매지매지에서
매지 8까지 모두 잘 계시는지?
회촌 매지 앞길에 벼가 글쟁이 글보다 더 잘 익었다
고작 몇 페이지 글에
작은 마음 하나 백지에 기재하는 게 무슨 대수랴
가을 햇살이 선생의 펜촉 날같이
뜨겁게 내 발끝을 콕콕 찌른다

호박꽃

올해도
엄마 품처럼 둥글게 둥글게
호박꽃이 피었다

복슬복슬 노랑꽃
담장을 넘어와 보들보들 웃는 꽃

호박벌이 물 마시러 왔다가
꿀만 먹고 그만 벙어리가 된 꽃

달 뜬 밤에는 수꽃이
양복 입고 암꽃 집에 놀러 가는 꽃

보름달보다 더 큰 달덩이를
곧장 이고 오시는 할머니 미소 같은 꽃

2부

파도가 하얀 치아로 종탑에 앉아

별에 간다

오늘 밤
나는 별에 간다
기별 없이 무작정 걸어서 간다

오지 마라 해도 눈 감고 별에 간다
길이 끊어졌다 해도 이어서 간다

바람이 거세게 불어
나무들이 지상에 눕는다 해도
별을 바라보며
내 안에 떠돌다 죽은 별을 기억하며
한 걸음씩 더듬더듬 더듬어서 간다

슬프고 절절히 참회하며
울어도 눈물 한 방울 보이지 않고
별이 사는 곳까지 죽어서라도 간다

사랑하는 사람이 기다리지 않아도
죽음 같은 건 두렵지 않아도
울면서 별에 간다

용대리 황태

황당하여
마른입을 크게 벌렸다
대가리는 줄에 매달려 빙빙
피 터지게 외쳤지만
적어도 용대리에서 그의 말은 박제된 외국어다
하체는 실종되어 고사 상태
갖고 있던 두 알의 눈동자도 값싸게 헌납했다
죽어서도 다시
몽둥이로 매를 맞는 기이한 운명
기억해, 입을 꽉 깨물고
죽어도 죽지 않을 불사조의 후생後生
한겨울 잘 건너
훈풍 도는 푸른 세상에서 우리 딱 한 달만 살자

양수리에서

약속한 적 없는
두 개의 의미가 하나 되어
두툼한 노을의 볼을 만지고 있다

오래된 바람은 강가의 주름을 길게 펼치고
수면을 완성한 느티나무는
물레길의 흘러간 목소리를 듣고 있다

강이 없어 외로운 사람들
꼭 만나야 할 사람들은 여기로 온다
하나의 줄기에 또 다른 이유를 묻기 위해 온다

또다시 몇 겹의 강이
수면을 하나씩 일으켜 세운다

주인 없이 잔에 남은
커피 한 모금의 서걱거림을 물새들이 아는지
고만고만한 정적을 깨우며 날아간다

어느덧 낯선 하룻저녁이 내 무릎에 스며든다

향불의 밤

밤이 깊었습니다
번민의 그림자가 달빛의 꼬리를 물고
종착역을 향해 무작정 달리는 시간입니다
마당에 내려온 달이 달나무가 되어
내 창가에 둥근 꽃을 한창 피우고 있습니다

생각에 주름이 많아진 시간
달빛 한줌 부수어 어둠에 저당 잡히고
발밑의 하얀 뒤척임을 눈썹에 숨겨 봅니다
우주의 잔별들이 잠시 샛강에 뛰어들면
나는 한갓 광채를 동경하는 오로라가 되겠습니다

희미한 가로등이 경계를 서는 밤
사랑이 또 하나의 아픈 사랑을 밀어내고
그 아득한 시간의 부스러기를 주머니에 넣습니다
늑골에 첩첩 쌓인 질문에 답을 해야 할지
나의 반지기 골수로 가늠키 어려운 무위無爲의 길입니다

지상은 고요 속에 허리를 숙이고
반성하듯 발톱에 뿔 하나씩 지우고 있습니다

이 창창하고 황황한 생生의 광야에서
스스로 불 밝히는 한 뿌리 가람伽藍나무가 되어
이 밤, 그대를 안고 타오르는 향불이길 염원합니다

명함

내가
나를 그리려다
못난 사각이 되고야 말았다
여백을 넣어야
둥글고 여유 있는 네모일 텐데
투기의 달인처럼 빽빽한 서울 아파트가 되었다
얼굴에 책임지는
법정 스님은 명함이 없었다
나 언제
산 그림자에 물든 노을이 등허리에 집을 지으려나
헐거운 지갑을 떠나 지구를 배회하듯
돌아오지 않는 못생긴 얼굴

종소리를 멀리 보내고 싶을 때가 있다

높은 곳에 올라
구멍 뚫린 가슴으로
종일 무얼 기다리고 있어

제 몸을 때린 소리가
멀리멀리 그곳에 갔다가
무얼 데리고 오는지

그래서 종은
시선이 아주 먼 곳
지평선에 머물러 있어

힘들어도
계속 확인을 하지
종은 언제나
소리로 자신을 세탁하니까

밥그릇 주인

절집 뜨락에
깨끗하게 비워진 개 밥그릇
먼 산 바라보며
스님 머리처럼 반짝입니다

밥그릇 주인도
어깨너머로 삼 년은 훨씬 지났다는 모양
목탁 소리가
밥그릇에 한잠 주무시다 갑니다

즐거운 관계

키 크고
날씬한 여자 손 잡고
배 나온
대머리 남자가 명동길 어슬렁 걸어간다

남자는
연신 좋아라
제 눈을
여자 가슴에 콕콕 붙이는데
여자는
모른 척 빠른 걸음이다

달 머리
둥근 배가
길에서 덩실덩실 내달린다
사내의 찢어진 입가에
임플란트도 덩달아 허옇게 붙어간다

소돌 어촌 주일 예배

바다 위에
갈매기처럼 앉은 작은 교회
뾰족한 종탑 아래
종달이 할머니는 접힌 허리 더 낮추어
교회 언덕길 오릅니다
먹물 몸빼 던지고 나온 애숙이 엄마
애숙이 엄마 앞자리에는
뽀글뽀글 머리에 힘준 정길이 엄마
정길이 엄마 옆에는
꽃무늬 원피스에
빨강 립스틱 분칠한 경숙이네 새엄마
그 앞에서 옆으로
동네에서 비린내 나는
고운 여자들이 주일 예배드리러 왔습니다
예배당에는 동네 남정네 딱 둘
동철이 아버지와 수염 많은 탈북 남자
여기서는 내장 뺀 오징어같이 고요합니다
찬송가 오르간 소리가
파도를 건너 수평선까지 울려 퍼집니다
항구에 모인 통통배들도

얼굴 숙이고 거룩히 예배를 드리는 시간
생선 빈 내에 곰삭은 젓갈 냄새도
예배당에 들어와 겸손히 엎드려 기도합니다
오늘은 다릅니다
파도가 하얀 치아로 종탑에 앉아
평화로이 웃습니다

동태의 노래

초점 잃어
멍해진 눈으로
뛰는 심장 하나쯤
바다에 남겨두고
가벼워진 몸뚱이에
통통, 태극기가 펄럭 나부낀다
나 지느러미 없이도
저 깊은 바다로 헤엄쳐 갈 거다

어찌하여
얼음판에 묶인 몸
눈알 부릅뜨고 솥단지에 투신하는
동절冬節의 투사
할매집 40년, 술국의 왕 머리쯤 되어
솥뚜껑을 퍽퍽 주먹질할 때

밤을 대낮같이 보낸
카지노 사내들이
떼로 몰려와
충혈된 눈동자로

동태의 눈을 꽉꽉 씹는다
얄팍해진 호주머니를 슬금슬금 훔치며

오이의 행로

장마로 셔츠가 눅눅한 날
폭우에 찢긴 우산이 홍수 되던 날
물바다에서 간신히 탈출한
할머니 오이 열두 개가 비닐봉지에 담겨 왔다

소에 물 먹인 배처럼 부푼 오이
대강 씻고 나온 오이 목을
댕강댕강 사 등분 하고 열십자로 칼집을 낸다

아프다는 소리 없이
오이는 저만의 향을 주방에서 완성한다

소금 먹고, 고추 먹고 맴맴
속은 양파에 당근, 마늘까지
합세한 젓갈에 혼절하며
버무리는 억센 손에 어제의 꽃 화장이 다 지워졌다

얼굴 없는 오이는
애벌레처럼 지구의 한쪽 구석에서
숙성이라는 성찰의 독배를 벌컥벌컥 마시고 있다

은총의 무게

생각이 많을 때
체중계에 올라서면 몸무게가 늘어 있다
그건 생각의 중력

오늘처럼
가벼운 마음이면 몸무게가 준다
생각이 건네준 은총

마음에도
분명 무게 몇 그램 산다

애순 언니

마흔아홉 살 되기까지 흔하디흔한 연애에
키스 한번 못 해본 옆집 언니 애순 씨가 폭풍 사랑에 빠졌다
다섯 살 연하에 잘생긴 노총각, 시청 공무원 순돌 씨
동생뻘쯤 되는 나이가 부담스럽다는 엄살이
얄미울 정도로 상기된 표정을
한 움큼 뽑아 올리는 화창한 봄날
언니는 주머니에서 꼬깃꼬깃 구겨진 담배 한 개비 입에 물고
30년 된 재개발 아파트 창공으로 희뿌연 솜구름을
후우 하고 쏘아 올린다

언니는 첫 키스가 식은 밥처럼 딱딱하다고 했다가
어느 날은 오뎅 국물처럼 구수하다고 했다가
숨 가쁜 포옹에 고양이처럼 야옹야옹 울었다고 했다가
잠 못 이룬 밤에는 여고 시절 사진을 꺼내 보며
이만하면 예쁘다고 했다가
허리가 넓어진 원피스를 째려보며 다이어트 광고를
유심히 본다고 했다가
신발장 열 때면 오래된 하이힐에 눈길이 자주 박히는 건
순전히 순돌 씨 때문이라 했다
〈

애순 언니야
연애는 돈보다 힘이 있어야 해, 다이어트는 꿈도 꾸지 말고
밥 한 공기 뚝딱에 닭가슴살 양껏 드시고 원기 왕성해야
키스랑 가열찬 포옹에 헐거운 앞니나 갈비뼈가 온전해
올여름 해변에서 연인들의 고전 놀이 '날 잡아 봐' 해 보고
머드 축제에 온 사람처럼 진흙을 질퍽하게 바르는 사랑도 해 봐
태양보다 더 뜨겁게 모래든 진흙이든 어디서든 몸을 뒹굴어 봐

사랑이 많고 순한, 애순愛順 언니야
연애는 이론이 없어, 그냥 만나서 키득키득 웃고 밥 맛있게 먹어
심야 영화는 두 손 꼭 잡고 주인공이 되어 영화보다
더 에로틱한 영화를 찍는 거야
살다 보면 울퉁불퉁 자갈밭을 맨발로 뛰어갈 때도 있지만
그건 잠시라
밤새도록 혼자 누운 침대에서
삐걱거리는 소리가 들리지 않는 날이
반드시 온다는 가열찬 믿음으로 목소리에 사랑의 힘을 한 번
더 불어넣어 봐
내일이면 오십견에 불기 없는 난로같이 추울 순둥이 언니야

오래된 날

파도가 푸르게 와요
모래가 신발이 되어 하얗게 빛나지요
멀리 계시나요
잘 계신 줄 알아요
난 바닷가를 오래 걸어요
걸으면 걸을수록 돋아나는 추억 때문에
자꾸 발걸음이 멈춰져요

화창한 봄날의 바다
바다는 그때나 지금이나 빙긋 웃으며 속삭이죠
약속이나 한 듯 파도는
우리의 발자국을 부지런히 지웠지요
파도가 아무리 지워도 지울 수 없는
그 마음은 어디로 갔을까요

멀리 계시나요
그날을 생각하시나요
흔적이 너무 많아 잠을 이룰 수 없네요
밤새 종이학을 접어
멀리 있는 그대에게 날려 보네요

벚꽃이 밤의 가로등 되어 훤히 불 밝히네요
정말 멀리 계시군요

눈사람

알몸에 용감히
족히 며칠은 살겠다
저 스스로 녹아 없어지는 줄 모르고
아이스크림 집 앞에서
아이처럼 환히 웃고 있다
오래 살려면 그 집으로 들어가렴
동네 할배가 조용히 말했다

울음의 미완

바람이 며칠째 머물고 있다
여름이 서서히 내 주머니에 들어갈 시간
나무들이 나뭇잎 몇 개를 떨어뜨리고
가벼운 몸으로 근사하게 서 있다

창문 커튼이 흔들린다
별로 쓸쓸하지 않은 방안에
집요하게 따라오는 축축한 고독이
습기 찬 벽 틈에서 벌레처럼 기어 나온다

부는 바람에 무언가 적고 싶다
아이의 긴 울음처럼 글줄이 창을 넘어
나무줄기에 붙어서 살아낼 수 있을까
흩어진 문장을 깁는 재봉틀 소리가 무릎에서 삐걱거린다

기러기 한 가족

저들은
한 가족 되어
거룩 거룩 노래 부르며
그 먼 시베리아까지 날아간다

승리(V) 문자는 하늘에 긋고
서로서로 기운 내라 체크(√)하면서
고향 집으로 거룩 거룩 잘도 간다

지천芝川*을 위하여

원서헌의 붉은 철문 닫고
황제 붕어 잡으러 애련 냇가로 가셨나
소주 한 병 옆구리에 차고 안주는 떡밥일 거다

붕어 월척보다 詩 월척 낚으러 가셨지
보나 마나 수면의 찌는 허상일 테고
그의 오래된 <폭설>이나 <굴비>를 잔뜩 소주잔에
담고 있을 거다

나는 그의 <타지마할>로 갈 거다
그래서 갠지스강을 거쳐 남한강에서 다시 만날 거다

몇백 년 흐른 뒤 보름달 솟을 때
지천芝川을 지천至賤에서 만나
희떠운 손톱 밑으로 슬슬 빠져나가는
깡소주 몇 병은 술지게미처럼 웃으며 깔 수 있을 거다

---

* 지천芝川: 오탁번 고려대 명예교수 아호. 제천 백운 출생. 1960년대 시, 동화, 소설 3개 부문 신춘문예 당선. 2023년 작고.

3부

지상의 모든 밤은 블랙홀이 되어

풍경을 지키는 집

쓸만하여
알맹이 같은 자식들은 도시로 떠났다
노파의 굽은 등에 올려진
덩그러니 조개껍데기 같은 집
산이 지켜주고
바람이 어루만져 준다
골 안에 저녁연기가 꽃처럼 피어오르면
시간을 아는 듯
딱새 한 마리 포르르 난다

그날의 안녕

1
물음표를 등에 지고
사라지는 구름과 모래바람 길을
겁 없이 걸어가는 그날의 아이
시간의 잎맥이 조금씩 흘러
저녁 구름 빛 같은 사람이 되었다
길게 누운 강물의 그림자를 가늠하며
잃어버린 이름과 끊어진 마디의 세계를 들여다본다
아이의 꿈은 강의 남쪽
무거운 짐을 지고 가신 한 사람의 뒷모습에
소박한 시 한 줄 올려둔다
내 몸에 무수히 많은 길을 살피고
잔가지에 머무는 바람을 오래도록 감싸 쥐었다

2
손바닥에 느낌표를 그었다
일상의 감촉은 새벽안개처럼 사라지기도 했다
발목은 정적이 부딪치는 메아리뿐
펄럭이는 그림자의 흰옷 따라
저마다 낯설고 뜨거운 것을 찾아 나선다

희망과는 상관없이 폭주하는 길에서
좀처럼 사라질 줄 모르는 슬픔의 그림자들
구원은 영원의 비슷한 말이라
서로에게 둘러싼 애착의 굴레가
아픈 무릎에 메마른 손을 얹으며
수많은 길이 바닥에 누워 희박해졌다
모를 것도 없는 여분의 감정들, 안녕이라 말했다

오징어의 하루

현란한 오로라의 옷을 입은
푸른 바다의 불나비인 줄 그때의 나는 몰랐다

새벽 별 아래
날 바늘에 목숨 던진다 해도
죽는 순간까지 빛을 향해 돌진하는 바다의 별똥별 되리

눈물인지 먹물인지 파도에 쏙 뱉어내고
꺽꺽 소리 지르다가 목줄에 처진 몸뚱어리 달빛에
환히 매달겠다
짧은 생애가 그리 외로운 것도 슬픈 것도 아니었다

통증의 내적內的 흐름

시뻘건 숯가마에 몸을 굽는다
식빵처럼 바싹 굽는다
차가운 통증이 뜨거운 숯을 먹는다
주인 모르게 들어온 것들이
통로를 빠져나간 뒤에 몸은 잘 익었다
밤이 밤의 이름으로 캄캄했던 지난밤
안부의 물음이 된다

달과 지구의 거리는
몸속을 구르는 돌멩이가
말초에 가닿는 길이만큼의 먼 거리
몸을 돌아 나가는 불모의 습기는 숯의 방에서
조금씩 좁아졌다가 열리기도 했다
두 번 죽은 나무가
내 서글픈 뼈대에 들어가 점차 맑은 소리를 내고 있었다

설화雪花의 밤

1
발끝에
첫눈을 꼭꼭 심어둔 저녁이다
마른 수레국화가 입안에 머금듯 자욱해지면
하루를 마감하는 새의 둥지는
깃털만이 오래된 시간을 기억한다
기다림에 쇠락한 창문들이 흔들린다
바람이 흩어져 헐거운 겉옷을 당기는 밤
흰 별이 꽃처럼 수북이 쌓인다
축축해진 이마 위로 희고 검은 지붕이 피어오른다
깊어서 슬퍼진 밤이 간헐적으로 흘렀다

2
얼지 않기 위해
뜨거운 눈물을 지속해서 흘려야 했다
폭설이 닿는 자리마다
희게 젖은 나무를 껴안고 불처럼 타올랐다
하루 반나절 일이지만
끝없이 펼쳐진 땅의 세계고 능선의 서신이었다
상처가 휩쓸고 간 굴곡마다

백설기 같은 꽃이 지천에 피었다
항아리의 하얀 충만들이 어둠을 벗을 때
나 밤새도록 휘감겨 어디로 헤엄쳐 가야 했다

구멍 속의 구멍

그거 아세요?
바람이 머물지 못한 구멍을 버릇처럼 여닫고 다니는 거
애초부터 구멍에서 자라나는 인격은 기대하지 마시죠
일회용 컵은 아니지만 한 번 사용하고
버리고 싶을 때가 있죠

달콤하면 포획하고 쓰면 가차 없이 버리는
세상의 얄팍한 냄새가 거주하는 저급한 구멍이기도 하죠
냉혹한 현실이 목구멍을 통하여 꾹꾹 소리 내며
흐르다가 처음 보는 낯선 구멍을 만나기도 하죠

이 많은 구멍이 서로 연결돼
거대한 무덤의 통로가 된다는 거
먼지들이 무상으로 출입하여
드물게 덕을 쌓기도 하지만
생선 비린내 풍기는 시간이 되면
바람이 거칠게 수면을 핥죠
밤이 깊어지면 슬슬 야릇한 소리가 서쪽에서 시작하여
동쪽 바다가 보이는 대관령 터널 근방에서 마감되죠
〈

아마 닭이 홰치는 그 시간쯤이 될 것이라
먼지가 일어나며 세상 주변을 맴돌다가
허름한 선술집에서 독한 소주에
쓴 입김을 연기처럼 확확 뿜죠
어디에나 살아 있는 구멍을 통해 생을 구원하며
존재의 어리석음은 종말이라는 단어에 얽매이기도 하죠

반드시 기억해요, 붉은 입술에는
허점 보이는 구멍이 있다는 거

구멍에는 영혼이 살지 않는다는 거 명심하고
빈틈 많아 술술 새는 열린 구멍에서
달콤, 씁쓸한 세상을 다시 한번 논하기로 하죠

등대 외전外傳

1
외눈박이 등대가
불을 켜고 먼바다로 나간다
등댓불이 밤마다 누굴 찾아 헤매는 건
희미한 사랑의 기억이 파도 저편에 있어서 그러는 거다
한쪽 눈 여기에 두고 저기를 비추는 빛 점은
그의 눈동자 초점에 열정의 해무가 있어서 그러는 거다
만나 본 적 없는 태풍이 살고 있기 때문이다

2
하루건너
하루가 파도에 넘어져 자꾸 밀려온다
등대는 등댓불로 사느라 바다를 버리지 못하는 거다
인생이 인생에 묻혀 그런 듯 살아가지만
그들은 바다 건너 희망봉,
신대륙에 당도하지 못하는 거다
등댓불이 비추는 바다의 무수한 외길은
파도에 착색된 수난의 황홀이라 헤아리지 않기 때문이다

3
바다에 사는 동안
등대는 천년의 불빛을 뭍으로 굳건히 타전한다
거친 바다는 희미해지는 해안선 불빛을
애타게 부르는 거다
너울의 오름에서 난무하는 두려움에
서럽게 파고드는 파도를 뜨겁게 끌어안는 거다
모항에 돌아온 어등魚燈에 흐르는 빗물 위로
그대 안면에 머문 저 숭고한 빛의 존재가
슬프게 살아 있기 때문이다

그리움은 녹지 않아서

강력 세제물에
며칠간 푹 담갔다가
수세미로 박박 문질러도 지워지지 않는
너의 솜사탕 같은 때

빨래가 있는 뒷마당

손에서
비누 향 나는 여자가
남편의 구겨진 러닝셔츠를 탁탁 털어서 넌다
쉼표처럼 짧고 빠르게
끄트머리가 닳은 아이의 바지는 살살 어루만져서 넌다
마침표처럼 길고 부드럽게

햇빛에 바람 숭숭 먹은 옷들이 한층 가벼워진다
여자 마음속의 물기가
빨래보다 더 빠르게 마를 때가
바로 이때다

표백제 먹은 구름도
빨랫줄 위에 벌러덩 누웠다
햇빛이 빨래집게에 꼬옥 잡혀 있는 그 집 뒷마당
새들이 푸르게 하늘로 솟구친다

느티나무 책방의 기억

1
오래된 둥치에서
희푸른 잎사귀를 볼 것이다
뻗어가는 가지에서 샛별을 만날 것이며
저녁달에 촉을 내민 둥근 눈썹의 글자를 볼 것이다
끝내 뿌리를 닮은 헌책은 가벼워질 것이고
새로 나온 활자는 머리에 금빛 화관을 얹고
사람들의 숨소리를 받아 적을 것이다
풀어진 글자를 영혼이라는 주머니에 담으며
너는 무궁의 나무 한 그루 심을 것이다

2
길게 펼친 날개는
지난날 굽은 시간을 만날 것이고
기억 속의 검붉은 슬픔도 첫 장에서 읽힐 것이다
활자는 주제의 섬모를 긍정하여
스스로 모서리를 다듬어 중심에 이르려 할 것이다
길었던 날은 잊힌 듯 지나가고
은하수 날개를 키우는 별하에게 나를 맡겨 볼 것이다
혼돈의 활자들이 몸에서 발화하여

검고 흰 나비가 되어 날아오를 것이다

3
정리된 파본의 윤곽마다
부서진 단어와 엉킨 줄거리들
빈칸으로 투과될 때마다 나의 입자는 얇아질 것이다
여백을 채운 마지막 장을 일기예보처럼 믿으며
어쩌면 한 장씩 넘기는 책의 사람인가를 물어볼 것이다
하루가 염치없이 내 발등에 머물고 저문다
눈처럼 녹을 이생의 잠시라는 시간을 무릎에 긋고
정겹고 무겁고 슬픈 희락의 발자국을 정돈해 볼 것이다
느티나무 책방에서 책장을 넘기며
고이는 의미를 한 아름 맛보겠다

눈물

상처가 아물지 않을 때
자신을 눈물에 맡겨 보는 거다
울고 난 뒤에 밀려오는
포근한 피로가 이불보다 더 따뜻할 거다
마음이 긁힌 상처의 명약은 눈물
오일장 약장수는 도저히 팔지 못하는 약이다

푸른 엔딩

종이에
잉크가 마르기 전
책상에 기댄 창문은
조용한 보폭으로 벚꽃을 배웅하고 있다
하얀 꽃망울이 나래를 내릴 무렵
햇빛을 다 마신 늦봄이 푸른 잎사귀를 모은다
모이는 것도, 멀리 가버린 것도
점 하나 찍으면 된다

야간 비행

1
변방에 던져진 나는
헐거운 심장에 기름을 붓고
어둠 속 잠든 허공의 활주로를 이륙한다
순전한 굉음이 닫힌 의식을 깨우며
우주의 행간은 좌표 없이 떠도는 유성체가 된다
지상의 모든 밤은 블랙홀이 되어
돌아가는 법을 잊게 한다

2
날개를 얻기 위해
캄캄한 시계視界에 흐린 동공을 열고
길 없는 비행로를 따라
뭉쳐진 생각들이 허공에서 낙하할 때
또 한 번 멀어지는 생의 종착지를 가늠한다
영혼의 이름표에 물음을 던지며
여전히 방향타의 중심에서 손이 흔들린다

3
밤의 안쪽을 날며
서툰 비행이 항로에 얼룩을 남긴다
불안한 눈동자에서 출발한 빛들이
다정히 늙어가던 순간을 기억하며 남으로
남으로 신기루를 찾아 이동한다
어둠 속에서 찾을 수 있는 건 무언가
새벽안개라면 잠시 기다리면 되겠지만

기다리는 메아리

사람아
사람아, 세상살이 답답하거든
사람 없는 골짜기에 들어가
하고픈 말 크게 외쳐 보려무나
그러면 수억 년의 절벽이 그대처럼 말할 것이다
골짜기 한곳에 사는 절벽의 쓸쓸함을
사람아, 골짜기에 혼자 들어가
그대의 목소리 한 모금 푸르게 씻고 오려무나
가슴 가까이 제비꽃 한아름 필 것이다

치마 새

치마에
새들이 앉았다
치마나무에 머무는 여름 철새다
가지가 흔들릴 때마다 새들도 좌우로 움직인다
새들은 엉덩이 발소리만 낸다

세차게 바람 부는 날
치마에서 튀어나와 어디론가 날아갔다
호기심이 머무는 곳
하늘보다 더 먼 곳
새는 치마 속으로 꼭꼭 숨어 버렸다

움

움을 영자로 치면
신기하게도 DNA가 나온다
유전자의 움이다
입술을 오목하게 모으고
안으로 발음을 뽑으면 싹이 나온다

나도 움에서 시작했다
바람의 입술을 붙잡고 헤아려
반짝이는 문장의 싹을
어디에서 어디까지 이르려 하는지
의미의 집을 만들고 짐짓 껍질에서 기다렸다

심心

모릅니다
다 알지 못합니다
아마도 알려고 하지 않았을 겁니다
알아서 아는 것이 힘들 때가 있습니다
아는 것이 힘이라 했지만
독이 되어 돌아올 때가 많았습니다
아는 것은 관계의 거리
다 알려고 하지 않아야 합니다
살면서 여러 번
묻어두는 것이 오히려 편했습니다
무늬 없는 갈등은 거절하고
푸른 하늘에 초록의 산천들이
저리도 평화롭게 지내고 있지 않습니까
무얼 심고 사는지 알지 못합니다
다 알려고 하지 않았습니다
모르는 것이 약이라는 게 분명 맞는 말입니다

레드 와인

하룻밤 심장에 와인을 붓고
위스키 같은 목소리 스모키를 듣는다
혀와 촉음이 나름 어울린다는 내 전두엽의 오류
기관차 발차 음 내며 도는
엘피판의 기울어진 소리가 잔에 감겨 붉게 타오른다
와인 한잔 들이켠 듯 뒷산 솔부엉이가
아주 느린 트로트 한 곡조 읊기 시작했다
멀리 태평양 새벽까지 흘러간 와인이
그 밤에 내 혀끝에서 와글와글 익어갔다

4부

당신의 詩는 완성되지 않았나요

추색秋色

비 젖은 창문에
달라붙는 은행잎을 보고도
당신의 詩는 완성되지 않았나요

무늬가 많은 계절이군요
더 많은 반짝임을 얻기 위해
아끼던 노란 책에 밑줄 하나 더 긋기로 해요

맨드라미의 저녁

시뻘건 머리에
어둑한 닭 냄새가 났다
덜 자란 톱날을 이마에 올리고
목대에 색을 풀어 아침마다 나팔을 불었다
수십 가닥의 광채들이 매듭을 풀고
날마다 흐린 손톱을 주워서
태양보다 더 뜨겁게 상실의 벽화를 그리며
곧 꿈이 되어 진화의 발목까지 이어진다고 믿었다
한동안 그늘에 빠진 무릎들이
순간마다 흔들리며 이생의 잔뿌리에서 소멸되었다
부딪친 자리마다 상처가 어두워지고
살아가는 호흡들이 턱밑까지 차올랐다
머리끝에 이는 바람이 차다
시작과 끝을 모르는 바람의 바닥들
여물지 못한 붉은 닭 볏이
가난한 저녁, 이곳에 모여 불투명한 어둠을 만지며
이루지 못한 손바닥 잔주름을 지워 본다
뼈들이 솟고 하루가 죽어가는 것이
아주 잠깐, 끝이라는 걸 너무 늦게 알았다

여로旅路

내가
인생에서 봄 같은 꽃등 하나 달려고
손바닥에 그려져 있는
이 무수한 길을 걸어가는 중이다

모래 언덕에서
비바람 불고
햇볕이 무척 따갑다

갈비뼈 사이로
주머니에 든 나이가
무거울지라도

눈의 배후

여름꽃들이 지고 있다
침묵을 발설하던 밤이 멸망하고
불빛 사라진 창문들이
밤이 오면 사슴의 눈처럼 순수해지길 빌었다
입술에 붙들린 죄들이
새벽마다 똬리를 틀고 되살아나
영혼 끝에 불쑥 자란 검은 수염을 저주하며
하얗게 질린 심장은
천대받던 아이의 눈동자를 잃어버렸다
여름이 시작될 때는
문장 하나를 완성하지 못했다
아이가 태어나고
그 아이의 아이가 자라는 동안
불현듯 사는 것이 지는 꽃처럼 외로워졌다
바늘에 찔린 죄에 물음표인 죄인들이
두 손 모아 무릎을 낮추어도 새들은 어쩔 수 없이
하루의 높이를 힘겹게 건너야 했다
무거워지는 하늘 아래
사는 것은 수시로 변하는 일
잠시 기적 같은 옛날도 수면 아래 누웠다

생선 통조림

어두운 방에는
파도와 거친 바다
등 푸른 지난날의 갈매기 소리가 들어 있다

마트에 가면
동지들의 봉안함이 수두룩하다

여기 들어가 엎드리면
더 이상 속 썩을 일
하나도 없다

껍데기의 한 시절

먼지가 쌓인 껍데기의 한 시절
밀려들어 온 발자국이 가파른 절벽을 오른다
이름도 없이 사라지는 흔적들
녹병에 걸린 치자나무잎처럼 공허하다
오랫동안 두 손으로 나를 숨겼다
붉은 물이 손가락 사이에 드는 줄 모르고
갈라진 이마에 버섯구름이 창백하게 피어올랐다
나는 나를 지워가며 숲에 쌓인 하늘을 걷는다
출구 없는 길이 아득하다
한 움큼 가벼워진 나를 데리고 강을 건널 때까지
너의 비어 있는 웃음을 나에게 보이지 말라
깊어지는 발가락 사이로
아름다운 새소리며
바람에 흔들리는 속눈썹의 혓바닥까지
따옴표를 깊이 새겨두겠다
다 잊어버린 옆모습으로 돌아와
죽은 꽃들을 어루만지며 살려 보겠지만
허나 내 여린 발목이 푸르게 될 때까지
비가 왔으면 좋겠다

구원

새벽에 일어나
백지에 동그라미를 계속 그렸다
뾰족한 어제를 버리려고 동그라미를 그렸다
아무리 그려도
세상은 둥글게 변하지 않을 것 같아
큰 동그라미 그리기를 그만두고
작은 동그라미 그리기에 온 힘을 모았다
창으로 새벽달이 쑥 들어왔다
둥근 큰 달이었다

청계 호텔 정리記

오대산 암자에서 스님이 오셨다
당근을 보고 오셨다
당근은 온라인 생활용품 사이트
얼마 전, 유기견의 습격으로
우리 집 청계 열 마리가 꼬꼬댁하며 저세상으로 갔다
그날 이후, 유기견이 뒤란을 어슬렁거렸다
나머지 청계도 불안하여 어쩔 수 없이 정리하기로 했다

시인은 당근
시집을 드려야 하는데 닭장을 옮겼다
다섯 마리 닭을 닭장에 봉인하여 스님 봉고차에 실었다
스님, 제가 어제까지 알을 먹었어요
오늘은 멀리 이동하니 아마도
내일부터 황금알을 드세요

시인이 기르고
시인이 제작한 닭장이 산속으로 이사를 한다
스님은 안주머니에서 꼬깃꼬깃
목탁 소리 나는 지폐 석 장을 쥐여주고
봉고차가 꼬꼬댁 소리를 내며 우리 집 대문을 나갔다

저만치에서 놀란 유기견 두 마리가 보는 듯했다
빗방울이 급히 후드득 떨어졌다

그날의 금 지우기

금이 난 벽을 벽지가 덮어요
덮어도 금은 벗겨내지 못하지요
벽도 나처럼 이마에 깊은 골짜기를 만들었어요
단단한 벽도 이렇게 금이 가는 건 누구 탓일까요
원하지 않던 흉터에 시름이 깊어지며
사각의 방은 어제보다 외로워지고
틈으로 들어 온 그날의 소란은 벽지가 다 먹었어요
금이 그대로 남아 있어
변형과 반란이 이어지는 고백이 조심스러워요
다시 일어나 흔적을 지워 볼까 하네요
하루를 잘 버티며 무릎이 힘들지 않기로 약속하고
책장의 얼굴이나 책꽂이의 표정이
어두운 듯 밝아지기도 하지만
우리는 알 수 없이 어느 날의 하루에 당도해
금이 난 벽의 벽지처럼 덮었던 고민을 넘기려고 하지요
불온한 기척도 빠짐없이 들키던 방
쓸모없는 숨소리조차 벽지에 발라 놓던 방
벽에 함부로 심어둔 뿌리는
이제 더 이상 묻지 않기로 해요
금을 벽지로 다 덮을 수는 없어요

어스름

나는
어스름이란 말이 좋다
진하지 않아서 좋다
다 채우지 못한 그 말의 자세가 비스듬해서이다
어스름의 형님은 땅거미다
거미는 줄을 치고 저녁을 먹는 어둠이다

전깃줄에 앉은 새가
두 번 끄륵끄륵 울고 어둑어둑 사라졌다
골목 고양이가 지나가고
담벼락 그림자가 조금씩 더 어두워졌다
하루를 마감하는 현관에 전등불이 켜졌다
어스름이 잠드는 시간이다

등

거리를 나서면
앞에 가는 사람의 등을 습관처럼 보며 걷는다
내 등도 뒤에 오는 사람이 볼 것이다
등에는 등燈이 없고
무거운 짐 하나씩 붙어 있다
간혹 굽은 등은
그 짐을 벗는 중이다
노을 색 꽃등이 간혹 보인다
이건 시간의 거룩한 훈장이다

기도

하루에
하나씩 하늘에 신고하는 것
어렵다고 훌쩍이며 신고하는 것

나를 돌아보고
잠든 나를 깨우고
다시 마음을 굴리고 솔직히 신고하는 것

밤새도록 가슴 후비며
무릎 꿇고 돌처럼 굳건히 신고하는 것

어쩌다 잠이 들면
맑은 물소리를 듣고 그 소리에
철철 우는 아이가 되는 것

가볍고 아주 쉬운 것
눈사람같이 하얀 심장이 되어야만
진정할 수 있는 것

길을 찾아

도서관이 많은 세상에서
길을 찾지 못한다는 말을 잠근 것은
이토록 멀리 떠나온 곳에 책이 있었기 때문이다
한 권의 책을 찾아 나서는 발걸음
그건 나침반이나 지도 없이도 되는 일이었다

가끔 감기 걸린 영혼을 다독이고
조건 없이 보살피는 것도 내가 이 땅에서 일구어내는
책갈피 속의 가련한 풀 한 포기
라일락꽃 향을 허리에 두르고
꽃가루를 가득 묻혀 꿀벌처럼 날아가리라
길 없는 곳에 길이 사라진다 해도

그날 바다가

생각이 번질 때면 바다가 부른다
고정될 수 없는 바다에 서면
내 것과 네 것이 모였다 흩어지기를 반복하고
어느새 달아난 지루한 삶의 무게가 밀려온다
힘들이지 않고 힘 빼기
말하지 않고 몸짓으로 말하기
바다가 일러준 대로 한동안 살아보기
아직 봄이 더딘 바다니까
바다에 와서 귀담아듣고 천천히 돌아가기
세상에 미아가 된 듯, 두렵다가도
내 근심 하얗게 씻어내니
푸르게 덮어주는 파도의 고마움
저 먼 곳으로부터 다가오는 시간의 비늘까지
어쩌면 생의 한 조각 욕망이리라

냄새

쓸 게 없어서
잔뜩 그리움만 썼다

쓰다 보니
손에서 땀 냄새
발에서도 냄새가 났다

이 냄새 제거제는
절대 슈퍼에서는 팔지 않는다
약국에도 없다

그리운 것들은 모두
생선 타는 냄새가 난다
집 나간 고양이가 너무 잘 안다

둥근 청바지

어울리지 않는 청바지에
뒤태 둥근 여자가
키 크고 젊은 사내 어깨에 붙어간다

연신 좋아라
좋아라

큰 입술 만 평씩이나 붉게 넓히고
보물 항아리 좌우로 흔들며
졸랑졸랑 따라간다

사내의 짙은 눈썹에
콕콕 매달려
하늘까지 점프하며 따라간다

그날, 그 길에
둥근 바람이 이유 없이 꼭꼭 불었다

독성

커피는 몇 잔 더 마셔도
시는 줄여야 건강을 찾을 수 있습니다
중독되면 통제가 불가합니다
일단 읽게 되면 담배처럼 끊기 어렵습니다
사람의 내면을 혼란케 하며
우울증 성분도 내포되어
자기 비하에 후회성 통증도 유발됩니다
저의 시를 읽으실 때는
필히 처방 받으시고
성찰 약만 드시기 바랍니다

오늘

죽기 위해
하루를 더 산다

神도
답이 없어 하루를 뺀다

헬로 마마꾸*

보이지 않아도
가난한 풀들이 먼저 불렀다
매몰차게 짓밟혀도
노란 불로
자기 눈썹에 마음의 불을 켰다
희망이 사라져도 아프다는 말은 사치라
죽도록 살아서
스스로 땅의 지평을 넓혔다
희거나 노랗거나
가끔은 붉어지거나
한데 어울려 쓴물 뱉으며
뿌리들의 질긴 노래를 흠양하여
화전(花田)의 모범이 되기도 했다
미소로 봄날을 곧장 이으며
자력으로 제 몸을 띄우는 자유로운 영혼의 나비
바람 없이도
지구를 순회하는 낙하산 꽃씨를
개미들이 보았다
땅을 박차고 오르는
수만 발의 애드벌룬 하늘의 꽃을 안녕하며

나도 푸르게 오른다

* 민들레. 강원도 방언.

※ 해 설

상상력으로 날개를 펼친 독창성의 시 세계

이영춘(시인)

1. 사유를 통한 수양적 자세

김유진 시인은 이미 문단에서 인정을 받는 시적 재능을 겸비한 시인이다. 2009년에는 한전아트센터 초대작가로 활동한 바 있고 시집으로는 『거울의 시간』(2023년 천년의 시작 0447. 간행) 외 6권의 시집을 상재하였다. 더구나 2023년에는 '강원문학 작가상 작품공모에 당선되어 수상한 바 있다. 당시 김유진 시인의 당선 작품은 「법천사지法泉寺址에서 쓴 편지」였다. 그때 그의 작품에 대한 심사평은 이러하다.

응모 작품 중 "시적 내용과 시적 요건을 두루 갖춘 작품 중에서 가장 개성적이고 철학적 사유가 미학적으로 승화된 작품은 응모번호 1번인 「법천사지法泉寺址에서 쓴 편지」 외 2편을 응모한 분의 작품이다. 제목에서도 암시되듯이 "때 묻은 나를 끌고/법천法泉 여울물 따라/천년의 법고가 숨 쉬는 땅에 발을 내렸다"고 진술한다. 마치 세속의 때를 씻어내려는 듯이 '수양의 도道'를 닦는 경지를 그려낸 사유의 발상과 이미지가 잘 승화된 작품이다. 타의 추종을 불허할 만큼 뛰어난 발상과 주제 의식에 따른 시상 전개가 돋보이는 작품이기에 당선작으로 선정한다."는 평가를 받았다.

그러면 우선 그 작품, 「법천사지法泉寺址에서 쓴 편지」부터 감상하면서 김유진 시인의 심미안적인 상상세계를 펼쳐나가는 이번 시집 「고독의 두께」에 담긴 시 세계를 탐색해 보고자 한다.

    때 묻은 나를 끌고

    법천法泉 여울물 따라

    천년의 법고法鼓가 숨 쉬는 땅에 발을 내렸다

    유월의 햇살이 폐사지 법천의 기단을

    황금색으로 물들이고

    느티나무 천년 가지에 텃새의 지저귐도

    수도승 염불처럼 낭랑히 울렸다

    〈

먼 듯 가까운 불사, 법천사지

속세를 거치느라 뾰족해진 무릎뼈에

흙탕물 젖은 내 발자국 하나를 털썩 놓아 본다

늦었지만 깨우침의 터에서

그 무엇인가 간절히 붙잡고 싶었다

배례석 앞에

마음으로 두 손 모으고

선문염송禪門拈頌 펴는 행자승처럼

무아의 한 소절 끄집어내어

도량의 발자취에 못생긴 발을 맞추어 보았다

찾으려는 것은 멀리 있지 않았다

시간의 길이는 생각보다 짧아

좋은 웃음으로 한세상 두루 산책하다가

푸른 심장 속 하늘로 오르는 독수리처럼 가볍다면

나도 저 흙물에서 피어나는

연꽃 한 송이쯤 되겠다는 헛헛한 염원

법천에 공손히 엎드려

세상 문신의 그림자를 소처럼 되새김질하며

부르튼 손으로 낙인을 서툴게 지워 본다

날마다 절寺 하나씩 허물다가

법천에서 반 평 남짓, 오늘 절 하나를 다시 짓고 왔다

- 「법천사지法泉寺址에서 쓴 편지」 전문

　올해도 5월 5일은 어김없이 불기 2569년 부처님이 오신 날이다. 마음의 수양, 성찰의 사유가 담긴 김유진 시인의 이번 시집에서 「법천사지法泉寺址에서 쓴 편지」를 만나게 되어 반갑다. 그의 시는 마치 이 어지러운 세상과 번뇌로 가득 찬 이 세상에 마치 큰 법고가 울리는 듯하여 그 의미가 더욱 깊게 다가온다. 온갖 반목과 질시와 갈등과 번뇌가 득실거리는 세상에 김유진 시인의 이런 시 한 편으로 정화catharsis 될 수 있다면 시인의 사명을 다하는 일이 아니겠는가. 물론 개인적인 사유이고 서사이지만 경종이 될 만한 시 한 구절은 시인의 사명을 다하는 책무가 된다. "속세를 거치느라 뾰족해진 무릎뼈에/흙탕물 젖은 내 발자국 하나를 털썩 놓아 본다/늦었지만 깨우침의 터에서/그 무엇인가 간절히 붙잡고 싶었다"고 반성하듯 진술한다. 이 얼마나 아름다운 마음의 수양인가! 그리고는 "나도 저 흙물에서 피어나는/연꽃 한 송이쯤 되겠다는 헛헛한 염원"이라고 순결 무구한 마음의 자세를 염원한다. 이 얼마나 아름다운가. 시인이 시를 쓰는 이유 중 하나는 마음의 수양이다. 이 마음의 수양은 곧

아름다운 문화적 이상 세계에 대한 추구이다. 이 추구를 향하여 시인들은 아니, 김유진 시인은 오늘도 묵묵히 그 길을 걸어가고 있다.

2. 관찰을 통한 상상력의 시 세계

김유진 시인의 여덟 번째 시집『고독의 두께』에서 나타나는 또 하나의 특징은 사물에 대한 관찰을 통하여 상상력과 매치시켜 그 의미를 탐미하는 기법이다. 창작자에게 관찰력이란 하늘의 별을 따는 일만큼이나 중요하다. 왜냐하면 모든 창조자들은 관찰을 통하여 새로운 것을 발견해 내야 하기 때문이다. 그런 의미에서 과학자와 시인의 눈은 발견의 눈이 되고 창조자의 눈이 되어야 한다. 로버트 투르번스타인은 그의 저서『생각의 탄생』에서 이렇게 밝히고 있다. "새로운 사실의 발견과 전진과 도약, 무지의 정복은 이성이 아니라 상상력과 직관이 하는 일이다. 그러므로 상상력과 직관은 예술가나 시인들과 밀접한 관련을 맺고 있다."고 역설한다.

김유진 시의 특성 중 또 하나는 무한한 상상력을 통하여 사물과 연접한 사유 세계를 펼쳐나가는 특성이다.

김유진 시인의 대부분의 작품이 사물에 대한 예리한 관찰을 통한 상상력으로 그 의미를 미화하고 있다.「낮달」을 보면서 돌아가신 아버지의 이미지를 그려내고「호박꽃」을 통하여 어머니와 "보름달보다 더 큰 달덩이를/ 곧장 이고 오시는 할머니 미소"를 상상한다.「고추 이야기」를 통하여 금세 '가을'을 상상하고, 고추의 속성인 "매콤, 깜찍, 달콤한 이야기"를 동원하여 미각적 이미지까지 상상한다.「용대리 황태」를 의인화하여 "황당하여/ 마른입을 크게 벌렸다"고 독백하듯 상상한다. "갖고 있던 두 알의 눈동자도 값싸게 헌납했다"고 하소연하듯 '황태'의 모습을 이미지화하여 승화시킨다.

　이 밖에도「오이의 행로」「맨드라미의 저녁」「오징어의 하루」「굴비의 순간」「소금쟁이는 모른다」등의 작품이 그 제목만으로도 가늠할 수 있을 만큼 의인화 기법으로 모든 사물들을 살아 숨 쉬게 만든다. 이런 놀라운 상상력의 기법으로 시를 창작하여 새로운 시 세계를 구현해 내는 것이 김유진 시인의 시 세계이다.

　　어두운 방에는
　　파도와 거친 바다
　　등 푸른 지난날의 갈매기 소리가 들어 있다
　　〈

마트에 가면

동지들의 봉안함이 수두룩하다

여기 들어가 엎드리면

더 이상 속 썩을 일

하나도 없다

                          -「생선 통조림」 전문

원서헌의 붉은 철문 닫고

황제 붕어 잡으러 애련 냇가로 가셨나

소주 한 병 옆구리에 차고 안주는 떡밥일 거다

붕어 월척보다 詩 월척 낚으러 가셨지

보나 마나 수면의 찌는 허상일 테고

그의 오래된 <폭설>이나 <굴비>를 잔뜩 소주잔에

담고 있을 거다

나는 그의 <타지마할>로 갈 거다

그래서 갠지스강을 거쳐 남한강에서 다시 만날 거다

몇백 년 흐른 뒤 보름달 솟을 때

지천_{支川}을 지천_{至賤}에서 만나

희떠운 손톱 밑으로 슬슬 빠져나가는

깡소주 몇 병은 술지게미처럼 웃으며 깔 수 있을 거다

* 지천_{芝川}: 오탁번 고려대 명예교수 아호. 제천 백운 출생. 1960년대 시, 동화, 소설 3개 부문 신춘문예 당선. 2023년 작고.

- 「지천_{芝川}을 위하여」 전문

  김유진 시인은 어느 날 「생선 통조림」 캔을 보았던가 보다. 그 '통조림' 캔을 보고 "어두운 방" 속에 들어 있다고 상상한다. 그 방 속에 갇힌 생선을 바다에서 유영하던 때를 상상하여 "파도와 거친 바다"와 "등 푸르던 지난날의 갈매기 소리가 들어 있다"고 묘사한다. 바슐라르에 의하면 "우리 내부에 존재하는 이 존재 생성의 힘이 바로 상상력"이라는 것이다. 그가 역설한 바와 같이 시가 상상력의 산물이라고 할 때 김유진 시인의 상상력은 가히 평범을 초월한다.

  「지천_{芝川}을 위하여」는 고 오탁번 시인의 생전 모습과 오 시인의 시 세계를 환유하여 그리운 정서를 승화시켜 내고 있다. 고인이 된 시인을 상상력으로 형상화한 시임에도 찡-하게 울리는 공감대를 형성한다. 지금 원서헌에는 오 시인이 없다. 그러나 이 시는 익살스럽게 오 시인이 "원서헌의 붉은 철문 닫고/황제 붕어 잡으러 애런 냇가로 가셨나"라고 마치 외출을 한 형상으로 그려낸다. 이 또한 상상력이다. 그뿐인가! "소주 한 병 옆구리에 차고 안주는 떡밥일 거다"라는 표현으로 고인이 된 시인을 상상력으로 환유한다. 특히 고인의 부재함에 대한 애통한 정서를 초월하여 낭만적 정서로 시상을 전개한 것 또한 훌륭한 기법이다. 김유진 시인은 이렇게 감정을 절제하면서 객관적상관물에 감정을 불어넣은 기법으로 시를 승화시켜 내고 있다.

「명함」이란 작품 또한 특이하다. 우리 시단에 '명함'이란 작품은 거의 본 적이 없다. 그런데 김유진 시인은 '명함'을 통하여 자신의 독특한 '자화상'으로 형상화하고 있다.

    내가
    나를 그리려다
    못난 사각이 되고야 말았다
    여백을 넣어야
    둥글고 여유 있는 네모일 텐데
    투기의 달인처럼 빽빽한 서울 아파트가 되었다
    얼굴에 책임지는
    법정 스님은 명함이 없었다

나 언제

산 그림자에 물든 노을이 등허리에 집을 지으려나

헐거운 지갑을 떠나 지구를 배회하듯

돌아오지 않는 못생긴 얼굴

- 「명함」 전문

"얼굴에 책임지는/법정 스님은 명함이 없었다"는 것과 "투기의 달인처럼 빽빽한 서울 아파트가 되었다"고 명함이 없는 법정 스님을 작중 화자인 나persona와 대비시켜 스스로 '속인俗人'임을 회의懷疑하는 심상이다. "빽빽한 서울 아파트가 되었다"는 것은 '명함'에 불필요한 인적 사항들이 많음을 암시하는 자신에 대한 회의적 심상의 표출이다. 김유진 시인은 이렇게 사소한 것을 접할 때마다 예리한 관찰력으로 그 사물과 연관되는 상상력을 동원하여 시적 승화의 이미지를 창출해 내고 있다.

상상력은 시인의 자산과도 같은 것이다. 이 상상력을 동원하여 개인 상징어를 썼을 때 좋은 시인, 혹은 좋은 시라고 분류하는 준거가 된다. 김유진 시인의 대부분의 작품은 일상적인 일, 혹은 일상적인 사물을 소재로 선택하여 그 소재의 속성, 혹은 근원적인 특성을 끌어내어 그 의미를 시화詩化한다. 그 시화화의 재주는 특이하여 뛰어난 초월성을 지닌다. 다음의 작품「기러기 한 가족」

「치마 새」에서는 또 이렇게 노래하고 있다.

저들은

한 가족 되어

거룩 거룩 노래 부르며

그 먼 시베리아까지 날아간다

승리(V) 문자는 하늘에 긋고

서로서로 기운 내라 체크(√)하면서

고향 집으로 거룩 거룩 잘도 간다

-「기러기 한 가족」 전문

치마에

새들이 앉았다

치마나무에 머무는 여름 철새다

가지가 흔들릴 때마다 새들도 좌우로 움직인다

새들은 엉덩이 발소리만 낸다

세차게 바람 부는 날

치마에서 튀어나와 어디론가 날아갔다

호기심이 머무는 곳

하늘보다 더 먼 곳

새는 치마 속으로 꼭꼭 숨어 버렸다

-「치마 새」전문

　「기러기 한 가족」은 하늘을 날아가는 기러기 떼를 보고 그 상상력을 펼쳐 보인 작품이다. 날아가는 기러기 떼의 모양을 "승리(V) 문자"로 혹은 "서로서로 기운 내라 체크(✓)하면서"라고 상형문자로 형상화한 것은 김유진 시인만의 독특한 발견이다. 그러므로 시인을 일러 "발견의 눈을 가진 자, 혹은 혁명의 눈을 가진 자"란 뜻의 크란티타르시krantidarsi란 말이 무색하지 않다. 김유진 시인은 이렇게 독특한 시인의 눈으로 사물을 바라보고 그 사물이 지니고 있는 의미, 혹은 속성이나 상상력을 동원하여 시를 창조해 내고 있다. 이 시에서 "거룩 거룩"이란 의성어를 구사하여 기러기가 날아가면서 내는 소리를 흉내 낸 수사법도 특이한 발상이다.

　「치마 새」는 작자가 밝힌 대로 "치마나무에 머무는 여름 철새"를 뜻한다. 그 의미를 조합하여 '치마 새'라고 명명한 것도 특이한 발상이고 발견이다. 그 새가 '치마나무' 속으로 깃드는 장면을 마치 "새가 치마 속으로 꼭꼭 숨어 버렸다"처럼 사람이 입는 '치마' 속으로 숨은 것처럼 의인화하여 승화시키고 있다. 김유진 시인은 이렇게 사물에 대한 상상력을 동원하여 시를 빚어내는 기법과 단어에 숨어 있는 내용을 의인화하여 창작해 내는 발상과 작법으로 시를 짓는 독특한 시인이다.

  김유진 시인의 상상력은 끝내 '별'에까지 가는 심상을 노래하고 있다. 이 시에서 노래하고자 하는 테마는 어떤 그리움의 대상이거나 혹은 이상향을 향한 동경의 대상을 향한 암시로 은유된다. 로맨틱한 풍유까지 느껴지는 김유진의 '별'을 따라가는 심상을 공감해 보자.

    오늘 밤
    나는 별에 간다
    기별 없이 무작정 걸어서 간다

    오지 마라 해도 눈 감고 별에 간다
    길이 끊어졌다 해도 이어서 간다

    바람이 거세게 불어
    나무들이 지상에 눕는다 해도
    별을 바라보며
    내 안에 떠돌다 죽은 별을 기억하며
    한 걸음씩 더듬더듬 더듬어서 간다

    슬프고 절절히 참회하며

울어도 눈물 한 방울 보이지 않고

별이 사는 곳까지 죽어서라도 간다

사랑하는 사람이 기다리지 않아도

죽음 같은 건 두렵지 않아도

울면서 별에 간다

- 「별에 간다」 부분

3. 자아 찾기의 순례와 성찰의 시

시를 논할 때, 시란 과연 무엇인가를 되돌아볼 때가 많다. 고전적 의미에서나 현대적 의미에서나 시는 곧 마음의 정화와 순화, 그리고 자기 성찰의 큰 의미를 함의하고 있다. 흔히 『시경』에서는 '도道'와 '덕德'을 중심으로 가르침의 사상인 '교敎'가 근간이 되면서 고전이 되어 왔다. 그리하여 한나라 무제가 유학을 국교로 정했을 당시에는 시경을 역易, 서書, 예禮, 춘추春秋 등과 함께 영원한 고전이 되어 전래되었다고 '시경'은 밝히고 있다. 이런 의미에서 김유진 시인의 시의 중심에도 여지없이 사유를 통한 '자기 성찰'의 세계가 아름답게 나타나고 있다.

강력 세제물에

며칠간 푹 담갔다가

수세미로 박박 문질러도 지워지지 않는

너의 솜사탕 같은 때

- 「그리움은 녹지 않아서」 전문

 이 시의 제목은 평이하다. 그러나 시 속에 함의된 내용이 다양성을 띤다. 우리의 잘못된 속성(俗性)이나 과오가 있을 때 그것을 "수세미로 박박 문질러도 지워지지 않는/너의 솜사탕 같은 때"로 환치하여 감상할 수 있다. 이렇게 감상할 때 이 시의 의미망은 한없이 넓어지고 시사(示唆)하는 교훈성이 강하게 작용한다. 잘못된 습성의 '때'는 빨리 씻어내야 한다는 교시적인 시로 그 의미가 깊다.

높은 곳에 올라

구멍 뚫린 가슴으로

종일 무얼 기다리고 있어

제 몸을 때린 소리가

멀리멀리 그곳에 갔다가

무얼 데리고 오는지

〈

그래서 좋은

시선이 아주 먼 곳

지평선에 머물러 있어

힘들어도

계속 확인을 하지

종은 언제나

소리로 자신을 세탁하니까

　　　　－「종소리를 멀리 보내고 싶을 때가 있다」 전문

거짓도 가끔은

너의 글 안에서 진실이라는 말로 가면의 피를 흘린다

알몸 같은 내 푸른 글아

눈부신 껍질이 흐득흐득 나를 찾을 때까지

제발 나를 따라오지 마라

　　　　　　　　－「끈질긴 고백」 부분

「종소리를 멀리 보내고 싶을 때가 있다」는 이 시도 우리의 일상을 반성하는 자성의 목소리다. 이 시에서 '종소리'는 타인을 위한 '종소리'가 아니라 화자persona 자신을 깨우치기 위해서 울리는 '종소리'로 그 파장이 크다. "힘들어도/계속 확인을 하지/종은 언제나/소리로 자신을 세탁하니까"라는 표현과 같이 이 시의 종소리는 결국 자신을 위한 자성의 종소리, 깨우침의 종소리다.

「끈질긴 고백」은 김유진 시인 자신의 '글쓰기'에 대한 고백이다. "거짓도 가끔은/너의 글 안에서 진실이라는 말로 가면의 피를 흘린다"라는 행간에 깊은 사유(思惟)가 있다. 시 쓰기에 대하여 자성의 "피를 흘린다."는 의미로 시 쓰기의 인내심을 역설한다. 그렇다. 창작은 곧 새로운 것을, 없는 것을 만들어내는 정신적 노동이 아닌가! 김유진 시인의 「향불의 밤」과 「기도」는 또 어떤 자성의 불꽃으로 타오르고 있는가? 감상해 보자.

    하루에

    하나씩 하늘에 신고하는 것

    어렵다고 훌쩍이며 신고하는 것

    나를 돌아보고

    잠든 나를 깨우고

    다시 마음을 굴리고 솔직히 신고하는 것

    밤새도록 가슴 후비며

무릎 꿇고 돌처럼 굳건히 신고하는 것

            어쩌다 잠이 들면
            맑은 물소리를 듣고 그 소리에
            철철 우는 아이가 되는 것

            가볍고 아주 쉬운 것
            눈사람같이 하얀 심장이 되어야만
            진정할 수 있는 것

                                    -「기도」 전문

 '기도'라는 말은 소원을 빈다는 뜻과 함께 '회개' 한다는 의미를 담고 있다. "밤새도록 가슴 후비며/무릎 꿇고 돌처럼 굳건히 신고하는 것"에서 알 수 있듯이 경건한 기도의 자세와 성심을 다하는 기도의 자세, 그 의지를 엿볼 수 있다. 그렇게 하였을 때 우리의 심성과 절대자를 향한 마음은 "눈사람같이 하얀 심장"이 되어 "진정할 수 있는 것"이 될 수 있을 것이다. '진정한 것'이란 무엇인가? 순수한 마음의 경지가 아니겠는가! 이 순수함으로 동화되었을 때 우리는 어린아이와 같이 순진무구한 세계에 돌입하게 될 것이다. 이런 기도 같은 성찰의 사유는 김유진 시의 곳곳에서 나타난다.「향불의 밤」「허수

아비의 하루」「깊어지는 문」「고독의 두께」 등의 작품에서는 미학적 시 세계가 절정에 도달하고 있다.

> 지상은 고요 속에 허리를 숙이고
> 반성하듯 발톱에 뿔 하나씩 지우고 있습니다
> 이 창창하고 황황한 생生의 광야에서
> 스스로 불 밝히는 한 뿌리 가람伽藍 나무가 되어
> 이 밤, 그대를 안고 타오르는 향불이길 염원합니다
> -「향불의 밤」 부분

> 나는 아기 걸음마로 하루씩
> 순간을 지우고 기억하며
> 문의 자세와 무게로
> 사는 연습을 꾸준히 하는 중입니다
> -「깊어지는 문」 부분

「향불의 밤」은 제목에서 암시하는 대로 심원한 어떤 대상을 향하여 "스스로 불 밝히는 한 뿌리 가람伽藍나무가 되어/이 밤, 그대를 안고 타오르는 향불이길 염원합니다"라는 시심의 전개가 절창을 이룬다. "향불이길 염원하는" 그 염원의 대상은 신적인 절대자일 수도 있고 이상적으로 지향하고 추구하는 그 어떤 세계일 수도 있다.

마치 한용운의 「님의 침묵」에서 "제 곡조를 못 이기는 사랑의 노래는 님의 침묵을 휩싸고 돕니다"와 같은 분위기를 연상케 하는 이유는 어디에서 오는 것일까? 절대자를 향한 경건한 기도의 자세와 성찰의 자세가 아니겠는가!

「깊어지는 문」 역시 자아성찰의 시다. "아기 걸음마로" 하루하루를 "문의 자세와 무게로" 조심조심 살아가는 심상心想을 노래하고 있다. 그 '걸음마'는 어느 지점에 도달하고자 함이 아닌 "사는 연습을 꾸준히 하는" 과정임을 노래한다. 평이한 표현 속에 깊은 의미를 함축한 이미지 묘사 또한 절창이다. 그리고 이번 이 시집의 얼굴이 된 「고독의 두께」는 또 어떠한가? 김유진 시인의 끝 간 데없는 상상력의 시심과 시상을 따라가 보자.

> 옥탑방에
>
> 고독 한 마리 홀로 산다
>
> 입속에
>
> 고독이 돌처럼 씹혀서
>
> 말수가 적은 턱수염 난 사내
>
> 한밤의 조각 잠을 습관적으로 재떨이에 털며
>
> 백지에 고독이란 두 글자를 가슴으로 비벼 끄고
>
> 30촉 전등불에 엎드려
>
> 밤새도록 턱수염만 쓰다듬는다

다 빠진 턱수염을 자꾸 쓰다듬는다

난 충분히 이해되었다

고독도 오래 쓰다듬으면 얇아진다는 것을

- 「고독의 두께」 전문

  이 시의 제목 「고독의 두께」는 매우 특이하다. '고독에도 두께'가 있다는 뜻이겠지만 다소 엉뚱하게 느껴진다. 근간 세계적으로 돌풍을 일으킨 작가 '한강'은 '고독'을 순수한 우리말 '외로움'으로 대치시켜 이렇게 쓰고 있다. "나는 외로움이 좋았다. 외로움은 나의 집이었고 옷이었고 밥이었다. 어떤 종류의 영혼은 외로움이 완성시켜 준 것이어서 그것이 빠져나가면 한꺼번에 허물어지고 만다." (「검은 사슴」)라는 메타포로 외로움의 깊이를 시적 산문으로 작품의 깊이를 상승시켜 세계적 주목을 받았다.

  김유진 시인의 「고독의 두께」도 '외로움'에 대한 노래다. 외로움의 한자漢字인 '고독의 두께'로 시제화化했다. 얼마나 고독이 첩첩이 쌓였으면 '고독의 두께'라고 표현하였을까! 이 시의 작중 화자는 '사내'다. 그 사내는 곧 작자 자신일 것이다. 얼마나 고독하였으면 "입속에/고독이 돌처럼 씹혀서/말수가 적은 턱수염 난 사내"가 되었을까? 그 사내는 "30촉 전등불에 엎드려/밤새도록 턱수염만 쓰다듬는다" 얼마나 턱수염을 쓰다듬었으면 "다 빠진 턱수염"이 되었을까! 이 시에서 "턱수염"을 쓰다듬는 다는 것은 "고독"을 쓰다듬는다는 의미로 환치할 수 있다. 고독도 오래오래 함께하다 보면 타성에 젖어 "얇아진다는 것을" 비유한 페러독스적 작법으로 승화시킨 특이한 작품이다.

4. 독성과 같은 길을 찾아서

김유진 시인의 시는 독특한 면이 많다. 작자 자신의 감정을 철저히 배제한 채 시적 대상이 되는 사물을 의인화하여 그 사물 자체가 말하는 기법으로 시상을 전개하고 있다. 이렇게 할 수 있다는 것은 김유진 시인의 뛰어난 상상력의 발로일 것이다. 앞에서도 밝힌「오이의 행로」「맨드라미의 저녁」「굴비의 순간」등 작품의 제목만으로도 김유진의 시작법을 짐작할 수 있다. 이런 작법은 김유진 시인만이 쓸 수 있는 독창성이라고 해도 과언이 아니다. 이런 작법으로 김유진 시인이 얼마나 치열하게 시심을 키우며 시와 함께 살고 시와 함께 그 길을 가고 있는지를 다음의 시를 통하여 알 수 있다.

커피는 몇 잔 더 마셔도

시는 줄여야 건강을 찾을 수 있습니다

중독되면 통제가 불가합니다

일단 읽게 되면 담배처럼 끊기 어렵습니다

사람의 내면을 혼란케 하며

우울증 성분도 내포되어

자기 비하에 후회성 통증도 유발됩니다

저의 시를 읽으실 때는

필히 처방받으시고 성찰 약만 드시기 바랍니다

-「독성」 전문

도서관이 많은 세상에서

길을 찾지 못한다는 말을 잠근 것은

이토록 멀리 떠나온 곳에 책이 있었기 때문이다

한 권의 책을 찾아 나서는 발걸음

그건 나침반이나 지도 없이도 되는 일이었다

가끔 감기 걸린 영혼을 다독이고

조건 없이 보살피는 것도 내가 이 땅에서 일구어내는

책갈피 속의 가련한 풀 한 포기

라일락꽃 향을 허리에 두르고

꽃가루를 가득 묻혀 꿀벌처럼 날아가리라

길 없는 곳에 길이 사라진다 해도

-「길을 찾아」전문

위의 두 편의 시는 모두 독서 혹은 글쓰기에 관한 '독성'이다. 시 쓰기에 얼마나 '독성'이 걸렸으면 의사의 처방을 받는 상상력으로 시상을 전개하였을까!「독성」에서 작중 화자는 "저의 시를 읽으실 때는/필히 처방 받으시고 성찰 약만 드시기 바랍니다"라고 작자 자신을 '의사'로 환치하여 '의사'가 말하는 기법을 쓰고 있다. 참 특이한 발상의 시다. 김유진 시인의 시는 대부분 이런 발상의 기법으로 시를 창조한다.

「길을 찾아」라는 작품도 독서나 시를 위하여 끝까지 길을 찾아가겠다는 어떤 의지의 표상을 암시한다. "이 땅에서 일구어내는/책갈피 속의 가련한 풀 한 포기"가 될지라도 끝까지 자신이 추구하는 세계를 찾아 "꽃가루를 가득 묻혀 꿀벌처럼 날아"가겠다는 것이다. "길 없는 곳에 길이 사라진다 해도" 달려가겠다는 그 의지 앞에 숙연해질 수밖에 없다. 이런 의지라면 먼 산의 큰 바위인들 못 옮기겠는가! 시를 향한 이런 열정, 그 열정이 오늘날 김유진 시인을 존재케 하는 동력이 되었다는 것을 짐작할 수 있다. 앞으로도 이런 특이한 발상과 관찰력으로 김유진 시인만이 써낼 수 있는 상상력이 뛰어난 작품으로 타인들의 "무거운 짐"이 아닌 "거룩한 훈장" 같은「등

燈」이 되기를 기대한다. 그 기대는 김유진 시인의 더욱 새로운 「여로旅路」의 길이 될 것이다. 그 「여로旅路」를 감상하면서 이 글을 맺으려 한다.

내가
인생에서 봄 같은 꽃등 하나 달려고
손바닥에 그려져 있는
이 무수한 길을 걸어가는 중이다

모래 언덕에서
비바람 불고
햇볕이 무척 따갑다

갈비뼈 사이로
주머니에 든 나이가
무거울지라도

-「여로旅路」 전문

상상인 시인선 070

고독의 두께

지은이 김유진
초판인쇄 2025년 5월 26일 **초판발행** 2025년 5월 30일
펴낸곳 도서출판 상상인 **편집주간** 황정산 **펴낸이** 진혜진
표지디자인 최혜원 **기획·마케팅** 전은빈 최유림 노혜림 정현수
책임교정 종이시계 **편집** 세종PNP
등록번호 제572-96-00959호 **등록일자** 2019년 6월 25일
주소 06621 서울시 서초구 서초대로74길 29, 904호
전화번호 02-747-1367, 010-7371-1871
팩스 02-747-1877 **전자우편** ssaangin@hanmail.net

ISBN   979-11-93093-92-4 (03810)

값 12,000원

* 이 도서는 2025년 강원특별자치도, 강원문화재단 후원으로 발간되었습니다.
* 이 책은 전부 또는 일부 내용을 재사용하려면 반드시 저작권자와 도서출판 상상인의 동의를 받아야 합니다.
* 이 도서의 국립중앙도서관 출판시도서목록(CIP)은 서지정보유통지원시스템 홈페이지(http://seoji.nl.go.kr)와 국가자료공동목록시스템(http://www.nl.go.kr/kolisnet)에서 이용하실 수 있습니다.